Diagnose

Krebs

AF198570

**Ein Tagebuch über die Entdeckung
und Behandlung der Erkrankung**

von

Stefan Wahle

Diplom-Sozialökonom

www.diagnose-krebs.tips

1

Impressum

© 2018 Copyright by Stefan Wahle, Hamburg, 1. Auflage

Autor: Stefan Wahle

www.sw-sportbuch.de
info@sw-sportbuch.de

Fan-Page von Stefan Wahle

bei Facebook.com:

www.facebook.com/Stefan.Wahle.Autor

Verlag und Herstellung:

BoD – Books on Demand, Norderstedt

ISBN 978-3-7481-1190-0

Inhaltsverzeichnis

1. Vorwort

Manchmal kommt es sehr überraschend im Leben. Ich habe nie geraucht, nie Alkohol getrunken und täglich Sport und Qigong gemacht. Und dennoch hat mich jetzt der Krebs ereilt.

Insbesondere für Blasenkrebs bin ich als Mittvierziger viel zu jung und passe mit meinem Lebenswandel als gesundheits-bewusster Sportler so gar nicht in das bekannte Risiko-Raster (Alter um die 70, starker Raucher, Kontakt mit Giftstoffen usw.). Ich habe mir jedoch nie die Frage gestellt, warum es gerade mich erwischt hat. Die Frage finde ich absolut überflüssig. Natürlich müssen Menschen alle sterben. Die Frage ist nur, wann und wie. Immerhin kenne ich jetzt schon meine mögliche Todesursache. Auf die damit verbundenen Leiden und Schmerzen könnte ich jedoch gerne verzichten. Wie glücklich kann sich doch der schätzen, der einfach tot umfällt. Wie sagt man so schön: „Er wurde plötzlich und völlig unerwartet aus dem Leben gerissen". Immerhin ist das dann kurz und schmerzlos erfolgt.

Ich möchte in diesem Buch über meinen Weg von der Entdeckung meiner Krankheit über die langwierige Behandlung bis hin zum glücklichen oder bitteren Ende berichten, um so ebenfalls vom Blasenkrebs Betroffenen den einen oder anderen Hinweis und vielleicht auch Unterstützung geben zu können. Nichts ist in dieser Situation wichtiger als umfassende Informationen. Sie können einen beruhigen und Lösungsmöglichkeiten aufzeigen.

Man kann eine todbringende Krankheit aber auch als Chance sehen. Wenn ich wüsste, dass ich nur noch sechs Monate zu leben hätte, würde ich alle meine Angelegenheiten erledigen. Alles, was ich noch unbedingt vor meinem Tod vollbracht haben wollte, würde ich voller Elan angehen und mich von meinen Lieben gebührend verabschieden. Das kann man natürlich nicht tun, wenn man plötzlich und unerwartet einfach tot umfällt. Alles hat somit seine Vor- und Nachteile.

2. Die Erkrankung wird entdeckt

02. – 07. April 2017

Ich war auf einer einwöchigen Rundreise durch Schottland. Durch Zufall war ich bei ALDI an der Kasse auf ein Angebot in einem Reiseprospekt gestoßen und hatte spontan zugeschlagen. Im Nachhinein war dies eine gute und richtige Entscheidung. Wozu aufschieben? Man muss das Leben heute genießen und nicht warten, bis es zu spät ist.

Während der Reise hatte ich plötzlich zweimal Blut im Urin. Eine erschreckende Erfahrung, wenn man den Eindruck hat, man würde Blut pinkeln. Da kann ja bei allem Wohlwollen nur eine ernsthafte Erkrankung dahinterstecken. Eine einfache Blasenentzündung kam nicht infrage, da ich ansonsten keinerlei Beschwerden hatte. Aber im Ausland einen fremdsprachigen Arzt aufsuchen? Nein, das musste warten...

Freitag, 21. April 2017

Endlich hatte ich es geschafft, nach meiner Rückkehr meinen Hausarzt aufzusuchen und berichtete ihm von meinem beunruhigenden Erlebnis in Schottland. Er machte einen Urintest, bei dem jedoch kein Blut festgestellt werden konnte. Dennoch nahm er meine Sorgen sehr ernst und beschaffte mir einen sofortigen Termin bei einem Urologen. Was für eine Sensation! Keine drei Monate auf einen Facharzttermin warten zu müssen! Ich konnte mich sofort in die Bahn setzen, um den vier Stationen entfernten Arzt umgehend aufzusuchen.

Beim Urologen angekommen, machte dieser einen erneuten Urintest und leitete zur Sicherheit einen von mir zu bezahlenden PSA-Test ein. Nur um sicherzugehen, dass mit der Prostata auch alles in Ordnung war.

Der Urintest ergab wiederum nichts. Aber auch dieser Arzt nahm meine Sorgen ernst und wir vereinbarten für die folgende Woche einen Termin für eine Blasenspiegelung.

Donnerstag, 27. April 2017

Ich erfuhr an diesem Tag, dass mein PSA-Test negativ war. Immerhin schien schon mal mit der Prostata alles in Ordnung zu sein. Dann erfolgte die Blasenspiegelung, welche leider ohne Betäubung erfolgte und ziemlich unangenehm war. Ein Erlebnis, auf das ich in Zukunft in der Form gerne verzichten kann. Immerhin war ich live und in Farbe dabei und konnte das Geschehen am Monitor mitverfolgen. Zunächst schien alles in Ordnung und so, wie es sein sollte. Bis wir etwas entdeckten, etwas, was dort nicht hingehörte. Ich fand, das Gebilde sah wie ein Busch oder ein Baum mit einer Krone aus. Der Urologe sagte gleich, dass es sich um einen Tumor handelte und er in seiner langen Berufserfahrung noch nie erlebt hätte, dass so etwas gutartig sei. Die Frage sei nur, wie bösartig es sei, da es verschiedene Abstufungen gäbe. Das war schon ein Schlag ins Gesicht!

Wir machten sofort im Anschluss noch einen Ultraschall von diesem Ding. Gruselig! Ich bekam einen Stapel Zettel von Röntgenpraxen mit, damit ich operationsvorbereitend umgehend eine CT machen lassen konnte. Normalerweise wartet man auf einen derartigen Termin auch wieder ziemlich lange. Als ich gleich in der ersten Praxis, die ich anrief, vorlas, was auf der Überweisung stand, erhielt ich unverzüglich für den nächsten Tag einen Termin! Ich war schon wieder sprachlos...

Freitag, 28. April 2017

Ich begab mich zur Erstellung einer CT von meinem Oberkörper nach Poppenbüttel in die

Röntgenpraxis. Dort musste ich über einen gewissen Zeitraum dann zunächst einen Liter Kontrastflüssigkeit trinken und bekam dann während der CT zusätzlich ein Kontrastmittel gespritzt, wobei sich in meinem Körper von oben bis unten ein erschreckendes, warmes Gefühl ausbreitete.

Schließlich bekam ich, nach für mich zäh dahinfließenden Minuten, endlich das Ergebnis, welches mir der Radiologe persönlich präsentierte. Man habe einen mittelgroßen Tumor mit 18 Millimeter Durchmesser in der Blase ausmachen können. Pünktlich zum Wochenende gab es aber auch eine gute Nachricht: Metastasen seien nicht zu erblicken und auch die Lymphbahnen sähen gut aus. Na immerhin! Ich bekam die Aufnahmen auf einer CD mit.

Mein Urologe hätte mich wohl gerne sofort operiert, aber ich machte ihm einen Strich durch die Rechnung. Ich wollte meinen lange geplanten Urlaub auf Mallorca nicht absagen und die Operation erst danach durchführen lassen. Dies gab mir dann auch Gelegenheit, verschiedene Krankenhäuser in Hamburg zu kontaktieren und mir terminliche Angebote unterbreiten zu lassen. Ich informierte mich über deren urologische Abteilungen und wog die Vor- und Nachteile jeweils ab. Eine endgültige Entscheidung wollte ich jedoch erst zum Ende meines Urlaubes treffen. So etwas will schließlich gut überlegt sein.

02. – 19. Mai 2017

Ich reiste nach Mallorca, um für meine beiden Reiseführer über Palma und Cala Ratjada zu recherchieren und nebenbei natürlich auch einfach das Leben zu genießen, denn wer wusste schon, was bei der folgenden Operation so alles schiefgehen konnte. Eine Vorsorgevollmacht mit Generalvollmacht für meine Ex-Frau, die noch immer meine engste

Vertraute ist, gab es noch und das vorsorgliche Testament verfasste ich auf Mallorca. Man sollte schließlich auf alles vorbereitet sein. Auch in dieser Zeit hatte ich wieder Blut im Urin.

3. Chronologischer Ablauf der Behandlung

Dienstag, 23. Mai ab 10.00 Uhr

An diesem Tag erfolgten das Vorgespräch im Krankenhaus meiner Wahl mit einer Urologin und einem Narkosearzt, eine Blutabnahme und eine Untersuchung auf multiresistente Keime. Das Ganze dauerte aufgrund sehr langer Wartezeiten insgesamt viereinhalb Stunden!

Es wurden jede Menge Papiere ausgefüllt und unterschrieben. Natürlich ging es nur um die Absicherung des Krankenhauses gegen rechtliche Risiken. Wirklich neue Informationen gab es für mich nicht.

Die Operation sollte nun in genau einer Woche stattfinden.

Dienstag, 30. Mai 2017 07.30 Uhr

Es fand die Aufnahme im ambulanten Operationszentrum des Krankenhauses statt. Ich musste mich entkleiden und alle Gegenstände abgeben, welche mir dann später auf die Station geliefert werden würden.

Später bekam ich die übliche Beruhigungstablette. Eine Stunde vor der OP wurde mir noch ein Kontrastmittel per Katheter in die Blase eingefüllt, damit der Operateur später die Krebszellen besser sehen und entfernen kann.

Gegen 11.30 Uhr bin ich im Aufwachraum aufgewacht und dann auch recht bald auf die Station gebracht worden. In meinem Penis steckte ein riesiger Schlauch, durch den zum einen eine Spülung (vermutlich Kochsalzlösung in Fünf-Liter-Beuteln) über einen Tropf in die Blase erfolgte und zugleich diese Flüssigkeit zusammen mit Urin wieder

16

in einen zweiten Beutel unter meinem Bett ausgeleitet wurde. Diese Spülung sollte solange erfolgen, bis der Urin klar war und ich selber genug trinken konnte, so sagte man mir.

Donnerstag, 01. Juni 2017

Der Katheter wurde gezogen und nachdem ich einmal selbständig urinieren konnte, wurde ich gegen 9.30 Uhr ohne jegliche Medikamente entlassen. Und das, obwohl ich am Tag zuvor in hoher Dosis noch das Schmerzmittel Novaminsulfon erhalten hatte. Das konnte ja nicht gutgehen. Aber es ist wohl eine Folge der „Fallpauschale", dass die Krankenhäuser die Patienten nach der OP so schnell wie möglich loswerden wollen, um den Gewinn zu optimicren. Ich erhielt auch keinerlei Hinweise darauf, was ich noch für Medikamente nehmen sollte oder wie ich mich zu verhalten beziehungsweise was ich tunlichst zu unterlassen hätte.

Zu Hause trank ich natürlich reichlich Wasser, um meine Blase weiterhin gut durchzuspülen. Sie wurde praller und praller und ich begab mich auf Toilette, wo ich dann die nächsten Stunden verbrachte. Beim vergeblichen Versuch, Wasser zu lassen, hatte ich starke Schmerzen.

Abends gegen 18 Uhr fuhren mich meine Eltern auf meine Bitte hin in die Notaufnahme des besagten Krankenhauses. Mir wurde ein Katheter mit Ventil gelegt und ich wurde ohne Schmerzmittel wieder nach Hause geschickt.

Beides ein großer Fehler, da dadurch das Problem nicht gelöst wurde. Ich hätte mir ehrlich gesagt auch eine Wiederaufnahme in das Krankenhaus gewünscht, zumindest bis ich wieder problemlos eigenständig hätte urinieren können.

Zu Hause war ich wieder alleine und ohne jegliche Betreuung. Ein ganz schönes Risiko für einen frisch Operierten mit Problemen. Wenn ich da im Bad kollabiert wäre, hätte man mich erst gefunden, wenn sich die Nachbarn über den Leichengeruch im Treppenhaus beschwert hätten.

Und wie sollte ich mich eigentlich selber versorgen? Ich konnte ja eigenständig keine fünfzig Meter weit laufen und sollte, wie ich auf einem Merkblatt des Krankenhauses las, das ich im Internet für frisch an der Blase Operierte selber gefunden hatte, die nächsten sechs Wochen nicht mehr als fünf Kilogramm heben. Meine Eltern sind um die achtzig Jahre alt, leben selber im Heim und sind daher nur begrenzt belast- und einsetzbar. Es hatte mich niemand gefragt und es hatte auch niemanden im Krankenhaus interessiert, wie ich klarkommen würde.

Freitag, 02. Juni 2017

Nun war ich also wieder allein mit meinem Katheter mit Ventil und ohne Schmerzmittel zu Hause. Jetzt konnte ich, wenn sich die Blase gefüllt hatte, den Urin durch Öffnen des Ventils ablassen. Dies erfolgte jedoch nur unter bestialischen Schmerzen, die im Verlaufe der Nacht immer schlimmer wurden. Ich konnte zum Schluss vor Schmerzen kaum noch aus dem Bett aufstehen und auch den nur kurzen Weg zum Bad kaum bewältigen. Mir wurde dann schwarz vor Augen und es drohte Bewusstlosigkeit. So konnte es nicht weitergehen! Wenn ich bewusstlos hinfiele, wer sollte mich wann finden und mir helfen? Allein schaffte ich es aber auch nicht ins Krankenhaus. Meine Eltern konnte ich mitten in der Nacht natürlich nicht anrufen. Blieb nur noch, einen Rettungswagen der Feuerwehr zu bestellen. Ich wollte mich aber zumindest noch bis vor die Wohnungstür ins Treppenhaus begeben, damit man nicht auch diese noch würde aufbrechen müssen. Ich war mir nämlich beileibe nicht sicher, ob ich bis zum Eintreffen der Helfer noch bei Bewusstsein bleiben würde und ihnen die Tür selber öffnen konnte.

Daher begab ich mich vor die Tür, schloss noch ab und merkte, wie meine Kräfte langsam schwanden. Ich ließ mich einfach zu Boden sinken. Der Schweiß trat aus allen Poren. Im Liegen setzte ich gegen 5.30 Uhr noch den Notruf unter 112 ab. Danach versuchte ich meine Ex-Frau Tanja auf ihrem Handy anzurufen, damit wenigstens irgendjemand aus meiner Familie über diesen Vorfall informiert wäre. Leider erreichte ich sie nicht.

Der Rettungswagen traf ein und transportierte mich in die Notaufnahme des altbekannten Krankenhauses. Mein Dank geht auch heute noch an die Einsatzkräfte der Hamburger Feuerwehr, die schnell eintrafen und am Telefon sowie vor Ort mit freundlicher und kompetenter Hilfe zur Stelle waren.

In der Notaufnahme wurde ich in ein Behandlungszimmer gelegt und es geschah erstmal ... nichts. Dann kam irgendwann eine Urologin, zog den Katheter und gab mir Wasser zu trinken.

Ich sollte später versuchen, eigenständig Wasser zulassen. Als ich dann schließlich soweit war und glaubte, es versuchen zu können...hatte ich keine Pinkelflasche an der Behandlungsliege. Aufzustehen war in meinem Zustand aber auch nicht möglich. Einen Klingelknopf hatte ich ebenfalls nicht. Also musste ich geschlagene fünf Minuten rufen, bis jemand erschien. Ich bat um die besagte Pinkelflasche, worauf man mir den grandiosen Vorschlag unterbreitete, ich könne doch auf die Toilette gehen. Sicherlich nicht! Ich war im Treppenhaus zusammengebrochen und mit dem Rettungswagen in die Notaufnahme gefahren worden ... an einen Toilettengang mit Wanderung durchs Krankenhaus war daher wohl kaum zu denken. Was man dann tatsächlich auch einsah ...

Die Schmerzen waren immer noch unerträglich. Ich lag allein mit meiner Pinkelfalsche in diesem Raum, als plötzlich gegen 7 Uhr die Tür aufging und meine Ex-Frau Tanja erschien. Was für eine Freude!

Sie hatte meinen vergeblichen Anruf auf ihrem Handy gesehen und machte sich Sorgen, so dass sie sich mit ihrem Zweitschlüssel zu meiner Wohnung aufgemacht hatte, um nach dem Rechten zu sehen. Dort hatte sie mich natürlich nicht mehr vorgefunden, aber sie ist ja eine kluge Frau und suchte gleich das Krankenhaus auf, in dessen Notaufnahme sie mich nun vorfand. Was war ich dankbar!

Sie nahm die Angelegenheit sofort in die Hand und kümmerte sich erstmal darum, dass ich endlich eine Schmerzmittelinfusion erhielt. Was für eine Wohltat nach der anstrengenden Nacht! Die Schwester sagte dann noch, ich solle den Notklingelknopf drücken, wenn die Infusion durchgelaufen sei. Tanja fragte trocken, „welchen Klingelknopf sie denn meine". Huch, den hatte man von Anfang an vergessen ...

Wenn mir in diesem Behandlungsraum etwas Ernsthaftes zugestoßen wäre, hätte man mich vermutlich erst gefunden, wenn ich schon kalt gewesen wäre.

Tanja fragte dann noch mal nach der Ärztin. Diese wollte mich tatsächlich schon wieder nach Hause schicken, obwohl das Problem Wasser lassen/Schmerzen immer noch nicht gelöst war. Zum Glück ist meine Ex-Frau sehr emotional und bat die Ärztin unter Tränen, mich wiederaufzunehmen. Diese wollte erstmal nachfragen, ob das überhaupt ginge. Als sie wiederkam, erklärte sie, es seien aber nur noch Betten auf dem Gang frei. Egal, in diesem Zustand konnte ich das Krankenhaus nicht verlassen.

Tanja musste nun leider zur Arbeit und ich lag dann noch bis 8.30 Uhr in der Notaufnahme, bis es auf die Station gehen sollte. Das heißt, man wollte, dass ich selbstständig dorthin gehe ...

Ich musste erneut auf meinen Zustand und die Art und Weise meiner Einlieferung hinweisen und dass eine Wanderung durch das gesamte Krankenhaus aus diesen Gründen leider nicht möglich sei. Das sah man dann auch ein und transportierte mich gegen 9 Uhr endlich auf die Station.

Den ganzen Tag über und in der darauf folgenden Nacht war das Wasserlassen nur unter schlimmsten Schmerzen möglich.

Samstag, 03. Juni 2017

Ab Samstagmorgen war an Wasserlassen nicht mehr zu denken. Wahrscheinlich blockierte aufgrund der starken Schmerzen jetzt der Schließmuskel der Blase. Eine normale Reaktion des Körpers, wer könnte es ihm verdenken?

Daraufhin wurde mir gegen Mittag ein neuer Katheter gelegt. Endlich floss der Urin wieder schmerzfrei und ohne Probleme ab.

Sonntag, 04. Juni 2017

Am Morgen kam mal wieder ein neuer mutmaßlicher Assistenzarzt, ohne sich und seine Funktion vorzustellen. Er kündigte an, dass der Katheter gezogen werden müsse. Ich bat ihn, diesen doch zumindest über die Feiertage (Pfingsten) in der Blase zu belassen, bis diese sich beruhigt habe und ihn dann am Dienstag zu entfernen. Keine Chance.

Ungerührt gab er zu Protokoll, „wenn ich Probleme mit dem Urinieren hätte, dann müsse die Prostata eben entfernt werden".

Es verschlug mir die Sprache. Mir war nicht bewusst, dass ich auch mit der Prostata Probleme hatte ... dann fiel mir ein, ... natürlich ... mit einer neuen OP würde auch eine neue Fallpauschale für das Krankenhaus fällig werden. Also verzichtete ich auf weiteren Widerspruch und so wurde mir der Katheter gegen 11 Uhr aus der Blase entfernt.

Nachmittags war dann zwar ein Wasserlassen möglich, jedoch wiederum nur unter starken Schmerzen. Dennoch wollte man mich am Pfingstsonntag unbedingt loswerden, so dass mich meine Eltern gegen 18 Uhr abholten und nach Hause brachten. Jeder weitere Aufenthalt hätte ja auch den Profit des Krankenhauses weiter geschmälert.

Die Ärzte im Krankenhaus waren immer davon ausgegangen, dass die Schmerzen vom Katheter verursacht würden. Ich war da jedoch ganz anderer Meinung. Immer wenn ich einen Katheter mit Beutel hatte und der Urin permanent ablaufen konnte, hatte ich keinerlei Schmerzen und Probleme. Ein Urinieren ohne oder mit Katheter mit Ventil bereitete mir jedoch jedes Mal heftigste Beschwerden. Das lag meiner Meinung nach daran, dass sich der Urin dann in der Blase sammelte, diese ausdehnte und dann beim Ablassen des Urins und Zusammenziehen der Blase diesen unerträglichen Wundschmerz mit Brennen des gesamten Brauchraumes verursachte. Darauf kann man natürlich als Arzt, der sein Wissen nur aus Büchern hat von Leuten, die ihr Wissen auch nur irgendwo gelesen und abgeschrieben haben, nicht ohne Weiteres kommen. Sie sind halt alle nur Theoretiker, die über Sachen reden, die sie am eigenen Leib nicht erfahren haben. So muss man das Ganze einordnen, was es dann für mich am Ende des Tages auch nicht leichter gemacht hat.

Die Schmerzen waren so schlimm, dass ich mich beim Urinieren an den Türrahmen krallte. Der Schweiß lief mir herunter und mir wurde schwarz vor Augen. Danach ließ ich mich immer von der Toilette auf den Boden gleiten und wartete dort minutenlang zusammengekauert, bis sich dieses unerträgliche Brennen ein wenig gelegt hatte und ich neue Kräfte sammeln konnte, um wieder aufzustehen und mein Bett aufzusuchen.

Dienstag, 06. Juni 2017

Pfingsten war vorüber und ich sprach nun bei meinem Urologen vor. Dieser verordnete mir weitere Schmerzmittel und eine Fortsetzung der Behandlung mit dem Antibiotikum. Ein

Histologiebericht des Pathologen über die Bösartigkeit des Tumors lag noch nicht vor. Danach fuhr ich noch zu meinem Hausarzt, der die ganze Sache ja ins Rollen gebracht hatte, um ihn auf den neuesten Stand der Dinge zu bringen.

Samstag, 10. Juni 2017

Heute war der erste Tag nach der OP, an dem ein Wasserlassen ohne diese extrem brennenden Schmerzen im Bauchraum möglich war. Was für eine Erleichterung!

Freitag, 16. Juni 2017

Erneut stand ein Termin beim Urologen an, um das Ergebnis der pathologischen Untersuchung des entfernten Tumors zu besprechen und die weitere Behandlung zu planen. Der Tumor wurde als pTa G2 lowgrade eingestuft. Somit brauchte keine zuvor geplante zweite OP stattfinden, in der man noch einmal alles in der Blase „nachbearbeitet" hätte. Diese hätte wohl mehr Schaden als Nutzen gebracht.

Wir einigten uns auf den 15. September, um die nächste planmäßige Blasenspiegelung durchzuführen. Blasenkrebs hat eine sehr hohe Rückfallquote, so dass man in der ersten Zeit alle drei Monate und dann in verlängerten Abständen immer wieder eine Spiegelung zur Überprüfung durchführen muss. Bis ans Lebensende.

Ich war die dabei auftretenden Schmerzen leid und wollte mich nicht nun schon die ganzen drei Monate vor der Untersuchung fürchten müssen, so dass ich nach einer Betäubung für diese Behandlung fragte. So erhält man beispielsweise bei der Magenspiegelung ja auch eine Spritze, um die

Untersuchung in einem Dämmerschlaf über sich ergehen lassen zu können.

Der Urologe lehnte dies jedoch grundsätzlich ab. Ich würde mich schon auf Dauer daran gewöhnen, schließlich wisse ich ja, was auf mich zukäme und wir würden das ja dann öfter machen. Aber genau deswegen hatte ich ja Angst! Was waren das für Argumente? Es war an der Zeit, mir einen neuen Urologen zu suchen ...

Montag, 26. Juni 2017

Die Schulmedizin sah zu diesem Zeitpunkt keine weiteren Behandlungen mehr für mich vor. Man wollte abwarten und ab und zu nachschauen, ob etwas Tumorartiges nachgewachsen war und man wieder operativ aktiv werden musste.

Ich wollte jedoch irgendetwas unternehmen, um dem Krebs vorzubeugen. Für mich war er ein Zeichen, dass mein Körper im Ungleichgewicht war. Es galt nun, dieses wiederherzustellen und gleichzeitig mein Immunsystem zu stärken. Ich nahm daher Kontakt zu diversen TCM-Medizinern (TCM = traditionelle chinesische Medizin) auf, um eine begleitende Krebstherapie zu beginnen. Im Einzelnen waren das:

Dr. Michael Plötz, Frau Barbara Kirschbaum, die TCM Tagesklinik Alsterdorf, Dr. Lee, die TCM am UKE (Universitätsklinik Eppendorf) und Qigong Lehrerin Petra Hinterthür (Guolin Qigong). Ich war auf diese Namen durch eine Recherche im Internet gestoßen und kannte den einen oder anderen Namen über Qigong-Verbände, mit denen ich aufgrund meiner Tätigkeiten als Autor von Ratgebern über Qigong und Taijiquan verbunden bin.

Dr. Plötz lehnte ab. Krebsbehandlung ist wohl nicht sein Fachgebiet, empfahl mir jedoch seine Kollegin Frau Kirschbaum, die allerdings erst im Oktober reguläre Termine zu vergeben hatte. Auch bei anderen TCM-Medizinern war der Terminvorlauf für eine Krebsbehandlung einfach zu lang. Nur das Zentrum für TCM am UKE hatte für Mittwoch einen Termin für mich. Donnerstag sollte es dann zu Dr. Lee in Eppendorf gehen, um eine Zweitmeinung einzuholen.

Bei Frau Hinterthür war es leider terminlich schwierig. Ich wollte Einzelunterricht im Guolin Qigong, welches in China in der Krebstherapie sehr angesagt ist. Sie verwies mich auf ihren Kurs zu diesem Thema im Juli, der zufällig dieses Jahr stattfinden sollte. Ich meldete mich an und verschob dafür auch meinen Auslandsaufenthalt auf Mallorca.

Mittwoch, 28. Juni 2017

Heute hatte ich um 12 Uhr einen Termin im TCM Zentrum am UKE. Ich wurde von Frau Dr. Rösch, Internistin und Ärztin für TCM, untersucht (Puls- und Zungendiagnose, Befragung) und erhielt von ihr meine erste Akupunkturbehandlung. Die verordneten Heilkräuter für zwei Wochen sollten mir von einer Apotheke aus Stralsund zugesandt werden. Ich sollte diese dann auskochen und daraus einen Tee bereiten, den ich über sieben Tage dreimal täglich zu mir nehmen sollte. Dann zweites Mal Auskochen der bis dahin eingefrorenen Kräuter und Konsum des Tees über die nächsten sieben Tage.

Die nächste Akupunktursitzung war eine Woche später. Wir wollten meinen Körper wieder ins Gleichgewicht bringen und mein Immunsystem für den Kampf gegen den Krebs stärken. Beeindruckend fand ich, dass sie an meiner Zunge mein Schulter-

/Halswirbelsäulenproblem erkannt hat. Auch meine Schmerzen durch die Refluxerkrankung erkannte sie im Rahmen der Pulsdiagnose.

Zusammensetzung der Kräutermischung:

- Alismatis Rhizoma 20 g
- Citri reticulatae Pericarpium 30g
- Corni Fructus 30 g
- Dioscorea Rhizoma 40g
- Moutan Cortex 30 g
- Pinelliae Rhizoma 30 g
- Poria 30 g
- Rehmanniae Radix praeparata 20 g

Donnerstag, 29. Juni 2017

Um 10.45 Uhr hatte ich meinen ersten Untersuchungstermin bei Dr. Lee in Eppendorf mit Puls- und Zungendiagnose (80 EUR). Bereits an der Zunge erkannte er sofort meine Probleme im Nackenbereich. Auch meine Magenprobleme wurden erneut bestätigt. Er verordnete zweimal wöchentlich Akupunktur, insgesamt neun Termine, um das Gleichgewicht wiederherzustellen. Auch hier sollte ich immer für ca. drei Tage Heilkräuter direkt von ihm gemischt erhalten, die ich dann zu einem Tee bereitet dreimal täglich zu mir nehmen sollte.

Selbstmedikation:

Seit Juli 2017 nehme ich Nahrungs- ergänzungsmittel morgens und abends jeweils einmal Cistus Incanus Kapseln mit Vitamin C und Zink von LR zur Unterstützung des Immunsystems. Zum Wiederaufbau meiner Darmflora nach dem Einsatz des Antibiotikums im Krankenhaus nehme ich morgens und abends jeweils zwei Kapseln „Darmflora plus select Dr. Wolz". Da ich zehn Tage lang das Antibiotikum erhielt, werde ich zehn Wochen lang die Darmflora-Aufbautabletten einnehmen. Für jeden Tag entsprechend eine Woche.

Abends nehme ich vor dem Schlafengehen zehn Tabletten „Wobenzym plus".

Ich trinke ein- bis dreimal am Tag (am besten morgens, mittags und abends) einen Becher Cistus Incanus Tee von LR mit 95 Prozent Zistrosenblättern.

Montag, 03. Juli 2017 09.30 Uhr

Ich erhielt von Dr. Lee Akupunktur und Heilkräuter für drei Tage für 95 EUR. Die Preise können sich über die Zeit verändern und dienen nur der groben Orientierung!

Mittwoch, 05. Juli 2017 10.00 Uhr

Akupunktursitzung im UKE

Donnerstag, 06. Juli 2017 10.45 Uhr

Erneut Akupunktur und Heilkräuter von Dr. Lee für 95 EUR.

Mittwoch, 12. Juli 2017 10.00 Uhr

Akupunktursitzung im UKE

Freitag – Sonntag, 14. – 16. Juli 2017

Nun endlich fand der dreitägige Guolin Qigong Kurs für Krebserkrankungen bei Petra Hinterthür mit insgesamt achtzehn Zeitstunden reiner Übungszeit statt.

Der Freitag war mit acht Übungsstunden sehr hart. Ich war danach erschöpft und kraftlos.

Am Samstag folgten lediglich vier Übungsstunden, aber ich hatte noch mit meiner Erschöpfung vom Vortag zu kämpfen.

Der Sonntag schloss mit sechs Übungsstunden ab. Ich überstand, entgegen meiner Erwartungen, auch diesen letzten Tag.

Beim theoretischen Unterricht fand ich die vermittelten Erkenntnisse über Ursachen für Krebs nach Ansicht der traditionellen chinesischen Medizin interessant:

Danach beruhen nur zehn Prozent auf falscher Ernährung und Umwelteinflüssen und bis zu fünfzig Prozent auf nicht gelösten Herzknoten. Darunter versteht man ein nicht verarbeitetes Herzensproblem, eine sehr tiefe Verletzung, ein Trauma oder einen Missbrauch. Das hat mich sehr berührt und ich habe mich selber und meine Situation, den nicht erfüllten Kinderwunsch und meine Probleme mit Frauen als mögliche „Herzknoten" ausgemacht. Aber selbst diese wichtige Erkenntnis führt nicht unbedingt automatisch zur Lösung dieser Herzknoten. Es ist kompliziert.

Montag, 17. – Montag, 31. Juli 2017

Für Recherchen für meine Reiseführer *Palma* und *Cala Ratjada* reiste ich nach Mallorca. Gleichzeitig wollte ich mich von den Anstrengungen der Behandlungen erholen und neue Kräfte sammeln.

Selbstmedikation:

Seit August nehme ich weitere Nahrungsergänzungsmittel. Morgens und abends jeweils eine Kapsel 500 mg Aprikosenkerne mit Vitamin B17 von Health Leads zur Krebsbekämpfung und morgens eine Kapsel Reishi (Pilzextrakt) von LR. Da ich vor einer Überdosierung der Aprikosenkerne und der darin enthaltenen Blausäure Angst habe, auf der anderen Seite aber auch das Vitamin B17 in einer für den Krebs wirksamen Dosierung einnehmen möchte, nehme ich zusätzlich dreimal täglich fünf Globuli des homöopathischen Mittels

„Vitamin B17 C 12" von HOMEDA. Ich hoffe, so einen guten Mittelweg gefunden zu haben.

Zur weiteren Stärkung des Immunsystems nehme ich morgens vor dem Frühstück acht Milliliter „Colostrum direct" von LR.

Mittwoch, 02. August 2017 10.00 Uhr

Da meine behandelnde Ärztin im UKE, Frau Dr. Rösch, im Urlaub war, wurde ich heute von Dr. Mao aus China, einem wissenschaftlichen Mitarbeiter des Zentrums für TCM am UKE, behandelt. Er führte eine Zungen- und Pulsdiagnose durch, um eine neue Heilkräutermischung für mich zusammenstellen zu können. Diese wird mir dann wieder von der Apotheke zugesandt. Danach führte er noch eine Akupunktursitzung durch. Diese war heute etwas schmerzhaft, da er am rechten Bein an der Innenseite des Unterschenkels und an der rechten Hand Nerven traf, was jeweils einen stechenden Schmerz durch die Gliedmaßen verursachte. Aber vielleicht war das ja auch gut so und es wurden so Prozesse der Heilung im Körper ausgelöst.

Abends, auf dem Weg vom Büro nach Hause, hatte ich so etwas wie einen Schwächeanfall, knickte mit dem rechten Fuß um und fiel hin. Dabei verletzte ich mich am rechten Sprunggelenk. Ob das mit der Akupunktur zusammenhing? Ich wusste es nicht ...

Dienstag, 08. August 2017

Die Kräutermischung von der Apotheke des UKE aus Stralsund traf ein. Sie hatte folgenden Inhalt:

- Alismatis Rhizoma 30 g
- Astragali Radix 60 g

- Atractylodis macrocephalae Rhizoma 40 g
- Cinnamomi Ramulus 30 g
- Citri reticulatae Pericarpium 30 g
- Glycyrrhizae Radix praeparata 20 g
- Pinelliae Rhizoma praeparata 30 g
- Poria 30 g
- Zingiberis Rhizoma 20 g

Da ich bald eine Reise antreten würde, plante ich, mit der Anwendung erst nach meiner Rückkehr zu beginnen.

Mittwoch, 09. August 2017 09.50 Uhr

Es stand wieder eine Akupunktursitzung im UKE an, die von der Urlaubsvertretung Dr. Mao durchgeführt wurde. Auch diesmal traf er wieder eine schmerzhafte Stelle im rechten Bein, diesmal rechts-außen-oben, unterhalb des Knies. Daraufhin hatte ich den ganzen

Tag Schmerzen im Bein und es fühlte sich etwas kraftlos an.

Montag, 14. – Freitag, 18. August 2017

Für einen Fortsetzungsroman über eine tragische Liebesgeschichte begab ich mich auf eine Recherche-Reise nach Schottland. Dass ich meine geliebte Arbeit als Autor fortsetze und mich auf inspirierende Reisen begebe, ist für mich trotz der Krankheit auch weiterhin sehr wichtig. Gerade jetzt möchte ich mein Leben genießen und mich nicht in eine depressive Stimmung hinunterziehen lassen. Mein Motto lautet: „Jetzt erst recht!"

Mittwoch, 23. August 2017 10.00 Uhr

Heute fand die Akupunktursitzung im UKE wieder mit Frau Dr. Rösch statt, die aus dem Urlaub zurückgekehrt war. Sie wählte andere

Punkte beim Setzen der Nadeln als Herr Dr. Mao die letzten beiden Male, was deutlich entspannter und schmerzfreier war. Diesmal spürte ich danach auch keine Schwäche im rechten Bein.

Mittwoch, 30. August 2017 10.00 Uhr

Es stand wieder eine Akupunktur-behandlung bei Frau Dr. Rösch im UKE an, was mir auch dieses Mal wieder sehr gut bekommen war. Danach war ich geringfügig erschöpft, aber schmerzfrei.

Abends fand ich einen Brief meines Krankenhauses im Postkasten. Mein Urologe hatte mir den histologischen Bericht der Pathologie über die Beschaffenheit meines Tumors ohne die Seite zwei von drei als Kopie zur Verfügung gestellt. Irgendwie hatte das seine Dame am Empfang nicht anders hinbekommen, sodass ich diesen dann beim

Krankenhaus noch einmal direkt angefordert hatte. Dies schien auch nicht so einfach zu sein, da es insgesamt zwei Monate und fünf (!) Anschreiben gebraucht hatte, bis sich da etwas bewegte.

Nun hielt ich den Bericht vollständig in meinen Händen und die bisher fehlende Seite zwei hatte es in sich. Auf der empfahl das Krankenhaus eine zweite Operation! Das hatte der Urologe bei unserem Gespräch am 16. Juni aber nicht erwähnt. Er meinte damals, eine zweite OP sei nicht erforderlich und verschwieg mir die Empfehlung des Krankenhauses. Wenn ich davon gewusst hätte, hätte ich mich vielleicht anders entschieden. Irgendwie kam mir das mehr als merkwürdig vor und bestätigte mich erneut in dem Entschluss, den Urologen zu wechseln. Es zeigte mir auch wieder, wie wichtig es ist, sich nicht einfach tatenlos in die Hände der Ärzte zu begeben. Deren ständige Überwachung und ein kritisches Hinterfragen sind allein schon zum Selbstschutz mehr als geboten.

Montag, 04. - Donnerstag, 14. September 2017

Um für eine Neuauflage meines Reiseführers über Palma zu recherchieren, reiste ich nach Mallorca. Am 14. September musste ich diese Reise jedoch unterbrechen und nach Hamburg zurückkehren, um mich am Freitag der dreimonatlichen Blasenspiegelung zu unterziehen.

Freitag, 15. September 2017 11.15 Uhr

Für den heutigen Tag war die Blasenspiegelung bei meinem neuen Urologen in Billstedt verabredet. Dazu kam es jedoch nicht. Warum nicht, wurde mir nicht gesagt und ich habe auch nicht nachgefragt.

Vielmehr ging es in unserem Gespräch um die Frage bezüglich einer zweiten Operation, wie sie das Krankenhaus empfahl, und einer sechsmonatigen Chemotherapie, wie sie bei einem G2-Tumor üblicherweise durchgeführt wird. Auch Letzteres war mir neu und wurde mir gegenüber bisher von keiner Seite angesprochen.

Aufgrund dieser doch sehr wichtigen Fragen war das Thema Blasenspiegelung völlig in den Hintergrund getreten. Für diese wurde mit dem 02. Oktober ein neuer Termin festgesetzt. Danach sollte dann die Notwendigkeit einer zweiten Operation erörtert werden. Außerdem sollte ich mich für oder gegen eine Chemotherapie entscheiden. Sollte kein neuer Tumor gefunden werden, wollte ich keinen zweiten chirurgischen Eingriff. Ich fand das erste Mal belastend genug. Das wollte ich nicht wieder erleben. Aus Sicherheitsgründen wollte ich aber die Chemotherapie über mich ergehen lassen, um einer Neubildung des Krebses vorzubeugen.

Montag, 18. September 2017 13.00 Uhr

Es war wieder eine Behandlung im UKE bei Frau Dr. Rösch angesetzt. Sie stellte mir eine neue Kräutermischung zusammen, die mir wieder von der Apotheke in Stralsund zugeschickt werden sollte.

Bei der Akupunktur setzten wir den Schwerpunkt auf meinen Magen, der mir Probleme bereitete. Aufgrund des Stresses verbunden mit dem Arztwechsel und einer möglicherweise bevorstehenden Chemo-therapie hatte ich erhebliche Probleme mit meiner Magensäure. Noch am gleichen Tag verspürte ich eine deutliche Linderung, die sich auch in den nächsten Tagen fortsetzte. Der Forschungsschwerpunkt von Frau Dr. Rösch am TCM Zentrum des UKE liegt beim

Thema „Wirkung der Akkupunktur bei Reflux". Dieser Umstand kam mir sehr zugute.

Ich sprach bei unserem Termin auch die Problematik der fehlenden Kommunikation bei meinem vorherigen Urologen an und dass ich erheblichen Aufwand betreiben musste, um an den Abschlussbericht des Krankenhauses zu kommen. Sie sicherte mir für das nächste Mal ihre Hilfe zu. Zum einen habe das UKE keine Probleme, umgehend an derartige Berichte zu gelangen und zum anderen kenne ihr Ehemann den Chefarzt des besagten Krankenhauses. Das war doch mal eine nette Geste …

Dienstag, 19. – Donnerstag, 28. September 2017

Es ging wieder zurück nach Palma de Mallorca, um auf der Insel weiter an meinen nächsten Veröffentlichungen zu arbeiten. Das Klima, die Sonne und der Blick von meinem Arbeitsplatz über die Stadt auf das Mittelmeer gaben mir viel Inspiration für meine Arbeit als Autor. Dem Regen und der Kälte in Hamburg entflohen zu sein, tut auch meiner Seele und meinem Wohlbefinden sehr gut.

Donnerstag, 28. September 2017

Die Kräutermischung von der Apotheke des UKE aus Stralsund war eingetroffen und wurde von mir wieder als Tee zubereitet. Sie hatte folgenden Inhalt:

- Alismatis Rhizoma 30 g
- Astragali Radix 60 g
- Atractylodis macrocephalae Rhizoma 40 g
- Cinnamomi Ramulus 30 g
- Citri reticulatae Pericarpium 30 g
- Glycyrrhizae Radix praeparata 20 g

- Pinelliae Rhizoma praeparata 30 g
- Poria 40 g (Höherdosierung als letztes Mal)
- Zingiberis Rhizoma 20 g

Montag, 02. Oktober 2017 12.00 Uhr

Vier Monate nach der Operation fand endlich die Blasenspiegelung zur Kontrolle durch den neuen Urologen statt. Ich hatte bei diesem Arzt eine Kurznarkose oder eine Entspannungsspritze zur Auswahl, wobei ich mich versuchsweise für die Entspannungsspritze entschied. Die Spiegelung war zwar immer noch unangenehm, aber zumindest erträglich. Leider war das Ergebnis nicht so erfreulich. Es wurde ein neuer Tumor von drei Millimeter Durchmesser an anderer Stelle in der Blase gefunden, den ich Mitte November operativ entfernen lassen musste. War der ursprüngliche Tumor noch am

Blasendach, so befand sich der neue jetzt am rechten Blasenboden.

Dienstag, 03. Oktober 2017

Unter dem Motto „Nie aufgeben" startete ich beim fünf Kilometer Stadtwerkelauf Tornesch in der Kategorie „Walken/Nordic-Walking" und gewann das Rennen in einer Zeit von 00:35:43 Stunden. Der Lauf war für mich die Hölle und ich war nicht sicher, ob ich überhaupt das Ziel erreichen würde. Aber mein starker Wille brachte mich letztendlich zum erfolgreichen Abschluss.

Wochenblatt Barmbek ◀ ÄNDERN

| Startseite | Beitrag erstellen | Meine Seite | Verlag/Anzeigen | Online-Ausgaben |

Aktuelles   Lokales   Polizei   Kultur   Sport   Veranstaltungen   Menschen   Handel und Wirtsc

Region ▸ Barmbek ▸ Sport ▸ Stefan Wahle gewinnt zum fünften Mal in Folge den Stadtwerkelauf Tornesch 2017 trotz Krebserkra

Stefan Wahle gewinnt zum fünften Mal in Folge den Stadtwerkelauf Tornesch 2017 trotz Krebserkrankung

Der Sportler und **Buchautor Stefan Wahle gewann** am 03.10.2017 zum fünften Mal in Folge den **Stadtwerkelauf in Tornesch** in der Disziplin 5 Km Walken/Nordic-Walking der Männer in einer Zeit von 00:35:43 Stunden. Es war für ihn das erste Rennen im Jahr 2017, da er aufgrund seiner im Mai festgestellten **Krebserkrankung** und der erfolgten Operation nicht zu sportlicher Betätigung in der Lage war. Er wollte jetzt mit seiner Teilnahme insbesondere sich selber beweisen, wozu man trotz einer schweren Erkrankung in der Lage ist und dass man nie aufgeben sollte.

Für die zweite Operation im November mit anschließender Chemotherapie wünschen wir ihm alles Gute.

Stefan Wahle hat eine Facebook-Fan-Seite: www.facebook.com/Stefan.Wahle.Autor

Stefan Wahle gewinnt zum fünften Mal in Folge den Stadtwerkelauf Tornesch 2017

Mittwoch, 25. Oktober 2017 11.20 Uhr

Der Schwerpunkt im UKE bei Frau Dr. Rösch lag diesmal bei der Nadelsetzung gegen meine Magenbeschwerden. Der nahende OP-Termin und die danach zu erwartende

Chemotherapie setzen mir wohl doch erheblich zu. Die Akupunktur verschaffte mir recht schnell eine Linderung meiner Beschwerden. Leider hielt diese jedoch nicht sehr lange an.

Mittwoch, 08. November 2017 11.40 Uhr

Mein letzter UKE-Termin vor der OP verlief unspektakulär. Der Schwerpunkt lag bei der Akupunktur bei meinen Magenproblemen. Ich verspürte bezüglich meines derzeitigen Sodbrennens eine Erleichterung.

Freitag, 10. November 2017 09.30 Uhr

Ich nahm eine Einzelstunde bei einer Qigong-Lehrer-Kollegin im Westen Hamburgs zum Thema „Qigong-Übungen für Krebskranke zur Unterstützung der Selbstheilungskräfte".

Montag, 13. November 2017 09.00 Uhr

Mein erster Tag im Krankenhaus für die zweite Operation lief wie gewohnt ab. Erst erfolgte die allgemeine Aufnahme inklusive Datenerfassung, dann ein Aufklärungsgespräch beim Urologen, eines beim Anästhesisten und zwischendurch immer wieder Wartezeiten, Blutabnahme, EKG und andere Untersuchungen. Gegen 12.30 Uhr konnte ich dann das Zimmer 518 auf der Station 1 beziehen und mein erstes Mittagessen genießen.

Dienstag, 14. November 2017

Ich wurde gegen 7 Uhr geweckt, untersucht und musste mich vorbereiten. Nach Einnahme der Beruhigungstablette ging es in den Operationssaal, wo ab 08.30 Uhr planmäßig die Operation begann.

Bereits um 10 Uhr war ich zurück im Zimmer und bekam mein Frühstück serviert. In meinem Penis steckte ein Spül-Katheter. Der Urin sah hell und klar aus. Mein Operateur besuchte mich gegen 13 Uhr und zeigte sich mit dem Verlauf der Operation und dem klaren Urinbild zufrieden.

Am Nachmittag wurde der Urin jedoch immer bluthaltiger. Gegen die Schmerzen ließ ich mir regelmäßig Schmerztropfen geben, damit sich das Ganze nicht, wie beim letzten Mal, hochschaukelte und ich dann nach Entfernung des Katheters Probleme beim Wasserlassen haben würde.

Mittwoch, 15. – Freitag, 17. November 2017

Immer wieder wurde der Katheter durch dicke Blutpropfen verstopft, so dass die Spülung mit der Kochsalzlösung aus dem Tropf fortgesetzt werden musste. Zusätzlich wurde zweimal mit einer großen Spritze der Schlauch des Katheters durch Druck- und Saugbewegungen wieder durchlässig gemacht. Dies war sehr unangenehm in der Blase spürbar.

Am Freitag wurde dann der Katheter entfernt. Das natürliche Urinieren erfolgte relativ schmerzfrei, jedoch blutig. Daher wurde ich zur weiteren Beobachtung noch eine weitere Nacht im Krankenhaus behalten.

Samstag, 18. November 2017 10.45 Uhr

Da das Wasserlassen nun problemlos und ohne sichtbare Rotfärbung erfolgte, wurde ich aus dem Krankenhaus entlassen.

Donnerstag, 23. November 2017 11.30 Uhr

Bei meinem ersten Termin beim Urologen nach dem Krankenhausaufenthalt besprachen wir das weitere Vorgehen. Um eine schnelle Rückkehr des Krebses zu vermeiden, würden wir ab dem 11. Dezember mit einer mehrmonatigen Chemotherapie beginnen. Ich bekam ein Rezept mit, um mir das Medikament „Mitem 20 mg 5 Installations-Sets N2" mit dem Wirkstoff Mitomycin für die Behandlung in der Apotheke zu besorgen. Hierbei handelt es sich um die Standardbehandlung bei oberflächlichen Blasentumoren.

Samstag, 02. Dezember 2017 10 – 18 Uhr

Zur Auffrischung und Fehlerkorrektur belegte ich einen weiteren Guolin Qigong Kurs für Krebskranke bei meiner Meisterin Petra Hinterthür. Ich erhielt wertvolle Hinweise und konnte meine „Handarbeit" weiter verbessern. Allerdings war der Übungstag doch sehr lang und ich war zum Ende hin sehr erschöpft und nur noch wenig aufnahmefähig. Trotzdem war es alles in allem eine lohnenswerte Investition von Zeit und Geld in meine Gesundheit.

Die Lehrerin, die auch lange Jahre als Heilpraktikerin tätig war, empfahl uns als begleitende Krebstherapie die Einnahme von Agaricus als Nahrungsergänzungsmittel. Ich besorgte mir daraufhin von der Firma vitaworld „Agaricus Extrakt 500 mg" und nahm seitdem davon eine Kapsel pro Tag. Der Vitalpilz „Agaricus" (Mandelpilz, Sonnenpilz) wird als Immunregulator angesehen und in der Krebstherapie zur Wachstumshemmung oder gar zur Rückbildung von Tumoren eingesetzt.

Ich beschaffte mir außerdem „Hericium Extrakt 500 mg" von der Firma „vitaworld" und nahm davon ebenfalls eine Kapsel pro Tag. Dieser Heilpilz stärkt die Magen- und Darmschleimhaut und unterstützt so das Immunsystem.

Montag, 04. Dezember 2017 9.30 Uhr

Einen Termin beim Hautarzt zur Hautkrebsvorsorge mache ich eigentlich regelmäßig. Ich erhalte dafür von meiner Krankenkasse auch einen finanziellen Bonus. Diesmal stellte er zwei verdächtige Hautstellen fest, die in kurzer Zeit extrem angewachsen waren und eine verdächtige Form angenommen hatten. Wir machten deswegen für den Januar 2018 einen OP-Termin aus, um die Stellen zu entfernen und pathologisch näher untersuchen zu lassen. Na toll, bitte nicht auch noch schwarzen Hautkrebs ... darauf kann ich nun wirklich verzichten!

Montag, 11. Dezember 2017 8.30 Uhr

Ich war überpünktlich um 8.23 Uhr vor Ort und hatte das Medikament für die Chemo dabei. Nun begann erstmal das nervenaufreibende Warten. Zunächst im Wartezimmer und ab 8.45 Uhr lag ich für zwanzig Minuten mit entblößtem Unterleib auf der Behandlungsliege und ... wartete. Hin und wieder kam eine Helferin herein und holte Material für die Behandlung anderer Patienten. Ich kühlte aus, die Aufregungskurve stieg an. Vor der Tür standen auch weitere Patienten, die beim Auf- und Zugehen der Tür entsprechende Einblicke hatten. Das empfand ich als äußerst unangenehm.

Dann ging es um 9.05 Uhr endlich los. Erst wurde ein Betäubungs- und Gleitgel in die Harnröhre gespritzt, das „Mitomycin" zurechtgemixt und dann der Katheter durch die Harnröhre in die Blase eingeführt.

Mittlerweile hatte sich wieder erheblicher Urin angesammelt, der erst abfließen musste, bevor das Medikament eingespritzt werden konnte. Diese violette Flüssigkeit sah wirklich gruselig aus.

Ich hatte mal wieder Probleme damit, mich beim Einführen des Katheters in meinen Penis zu entspannen, was etwas kontraproduktiv, aber sicherlich verständlich war. Danach zog ich meine Windelhose an und verließ die Praxis. Nun hieß es, mindestens zwei Stunden kein Wasser zu lassen, damit der Wirkstoff einwirken konnte.

Ich schaffte es tatsächlich, drei Stunden keine Toilette aufsuchen zu müssen. Dabei waren einige Sicherheitsregeln zu beachten, da grundsätzlich niemand mit dem Zeug in Berührung kommen sollte. Urinieren im Sitzen, das Tragen von Gummihandschuhen und das gründliche Reinigen von Penis und Toilette nach Verrichtung waren extrem wichtig. Damit kein Gift in meiner Kleidung landete, trug ich weiterhin meine Windelhosen. Das erste Mal war nun geschafft. Nächste Woche ging es weiter.

Montag, 18. Dezember 2017 08.30 Uhr

Zum zweiten Chemotherapie-Termin nahm ich diesmal ein großes Badehandtuch mit, um meinen Unterkörper bis zum Eintreffen des Arztes im Behandlungszimmer abzudecken und mich so vor Einblicken der Schwestern und vor der Tür wartender Patienten sowie vor der Kälte zu schützen. Dann erfolgte das übliche Prozedere: Erst wurde ein Betäubungs- und Gleitgel in die Harnröhre gespritzt, dass „Mitomycin" zurechtgemixt und dann der Katheter durch die Harnröhre in die Blase eingeführt. Diesmal hatte ich morgens nur wenig getrunken, so dass kein Urin abgelassen werden musste. Ich versuchte mich auch von Anfang an zu entspannen, um die Überwindung des Blasenschließmuskels zu erleichtern und weniger schmerzvoll zu gestalten. Danach zog ich meine Windelhose an und verließ die Praxis. Meine Harnröhre brannte sehr stark und ich war mir nicht sicher, das Mittel länger in meiner Blase behalten zu können. Gott sei Dank beruhigte sich das jedoch wieder. Ich fuhr ins Büro und behielt das Gift ganze dreieinhalb Stunden in mir. Von der Blase her wäre es noch länger gegangen, aber ich fühlte mich allgemein sehr unwohl. Sollte es wider Erwarten Auswirkungen auf meinen Gesamtorganismus durch diese ja eigentlich nur lokale Behandlung geben?

Freitag, 29. Dezember 2017 9.30 Uhr

Zwischen Weihnachten und Neujahr gab es bei meinem Urologen nur eine Notfallsprechstunde am Freitag, an dem ich meine dritte Chemo erhalten sollte. Bei der obligatorischen Urinprobe wurde jedoch ein erhöhter Leukozyten-Wert festgestellt, so dass sich der Arzt gegen eine Durchführung der Chemo entschied. Ich sollte mich nun schonen sowie viel Wasser trinken und dann würden wir es beim nächsten regulären Termin im neuen Jahr erneut versuchen. Früh aufgestanden, vierzig Minuten nervenaufreibend im Warte-zimmer gesessen und dann letztendlich alles umsonst! Ich war am Boden zerstört und machte mir Sorgen. Was geht da in meinem Körper vor?

Hinzu kam, dass mir nun ein trostloses Silvesterfest bevorstand. Eigentlich wollte ich Silvester auf Neujahr bei Freunden sein und hatte mich schon sehr darauf gefreut. Daraus wurde nun leider nichts. Ich lag die meiste Zeit zu Hause im Bett und trank Unmengen Wasser, um alles auszuschwemmen. Einer der traurigsten Jahreswechsel meines Lebens! Ich fühlte mich einsam und verlassen.

Dienstag, 02. Januar 2018 10.30 Uhr

Mit etwas Angst erschien ich das erste Mal im neuen Jahr in der Praxis. Würden wir die Therapie fortsetzen können? Ich hatte Glück, der Urintest fiel diesmal positiv aus. Meine Bemühungen über Silvester hatten sich ausgezahlt. Meine Werte waren wieder im Normalbereich und es konnte nun die dritte Chemotherapie nachgeholt werden. Diese verlief gut und ich konnte das Gift viereinhalb Stunden in der Blase halten. Die Schmerzen in der Harnröhre hielten sich in Grenzen.

Samstag, 06. Januar 2018

Nachdem ich bereits im Juli 2017 einen Antrag auf Feststellung nach dem Schwerbehindertenrecht beim Versorgungsamt gestellt hatte, war heute per Post endlich der Schwerbehindertenausweis gekommen:

Montag, 08. Januar 2018 9.30 Uhr

Die vierte Chemotherapie verlief ohne Probleme und ich konnte das Medikament dreieinhalb Stunden in der Blase halten. Meine Selbstbehandlung mit diversen

Nahrungsergänzungsmitteln lief wie bisher nebenbei weiter. Insbesondere die Einnahme von zehn Tabletten „Wobenzym plus" jeden Abend vor dem Schlafengehen war zur Unterstützung der Chemo enorm wichtig. Dadurch konnte das Gift besser auf die Krebszellen einwirken.

Montag, 15. Januar 2018 10.30 Uhr

Auch die fünfte wöchentliche Chemotherapie verlief problemlos. Ich konnte das Mittel drei Stunden in der Blase halten.

Dienstag, 16. Januar 2018 13 Uhr

Die Operation beim Hautarzt erfolgte unter örtlicher Betäubung. Am linken Bein wurden mir zwei verdächtige Muttermale entfernt. In zwei Wochen würden die Fäden gezogen werden und ich das Ergebnis der pathologischen Gewebeuntersuchung erhalten, ob es sich um Hautkrebs handelte oder nicht. Wieder eine neue Baustelle, die mich emotional sehr belastete.

Freitag, 19. Januar 2018 11 Uhr

Die letzten beiden Wochen hatte ich vor diesem Termin Angst gehabt und war sehr angespannt. Auch mein Umfeld hatte leider unter diesem Umstand zu leiden, was ich sehr bedauere. Es stand erneut eine Blasenspiegelung an, mit der kontrolliert werden sollte, ob sich ein neuer Tumor in der Blase gebildet hatte. Die Angst war groß, dass ich erneut ins Krankenhaus gehen und mich operieren lassen musste.

Ich bekam, wie gewünscht, eine Ent-spannungsspritze. Eine tolle Sache! Man spürt zwar trotzdem die Schmerzen, wenn der Kameraschlauch in die Harnröhre eingeführt wird, aber es ist einem egal! Die Überwindung des Schließmuskels nachdem die Verengung durch die Prostata passiert wurde, ist dabei immer die heikelste Sache.

Das Ergebnis entschädigte für alles; es wurde kein Tumor gefunden! Ein großer Stein fiel mir vom Herzen!

Montag, 22. Januar 2018 11.30 Uhr

Die sechste und letzte wöchentliche Chemotherapie stand an. Es verlief alles einwandfrei. Jetzt ging es monatlich weiter. Der nächste Termin war also erst wieder im Februar.

Dienstag, 30. Januar 2018 10.30 Uhr

Zwei Wochen nach der Operation beim Hautarzt waren vergangen und nun stand das

Ziehen der Fäden an. Der Wundheilungsverlauf war befriedigend und das Entfernen der Fäden durch die Assistentin verlief schmerzlos. Danach kam noch der Arzt zu mir, um das Ergebnis der pathologischen Untersuchung des eingesandten Gewebes mit mir zu besprechen. Er sagte, es sei gut gewesen, dass wir die Muttermale entfernt hätten, denn der Pathologe habe eine Vorstufe zum Hautkrebs festgestellt. Auf der einen Seite erschreckend, auf der anderen Seite noch mal Glück gehabt. Das bedeutete nun aber, dass ich mich auch hier einer regelmäßigen Kontrolle unterziehen musste. Wieder eine neue, belastende Baustelle ...

Donnerstag, 22. Februar 2018 10 Uhr

Ab Februar stiegen wir von der wöchentlichen auf die monatliche Verabreichung der Chemotherapie um. Heute war das siebte

Mal, wobei alles ohne größere Probleme verlief. Nur die Harnröhre brannte für einige Zeit und so lief ich wie ein alter Mann zur Bahn.

Donnerstag, 15. – Sonntag, 18. März 2018, Leipziger Buchmesse

Das erste Mal nahm ich an dieser Buchmesse mit einem eigenen Stand teil, um dort meine aktuellen Buchveröffentlichungen zu präsentieren. Ich reiste zum Aufbau des Standes bereits einen Tag früher an. Insgesamt war das Ganze schon eine recht teure Angelegenheit, aber es war für mich eine Herzenssache und bei meinem Gesundheitszustand weiß man ja nie und sollte nichts auf die lange Bank schieben. Ich befand mich noch mitten in der Chemo und musste vor Ort mindestens acht bis neun Stunden täglich, meist stehend, zubringen. Im Nachhinein weiß ich nicht, wie ich das überhaupt körperlich geschafft habe. Wahrscheinlich haben mir die psychischen Glücksmomente über den Tag geholfen. Ich habe viele nette Autoren-Kollegen getroffen und mich mit ihnen ausgetauscht. Auch die Gespräche mit den Lesern waren anregend und spannend. Mittel- und langfristig dient so ein Messeauftritt der Markenbildung und Leserbindung. Und die Referenz als ausstellender Autor auf einer derartigen Messe ist auch recht beachtlich. Eine Wiederholung ist somit nicht ausgeschlossen und vielleicht präsentiere ich auf der nächsten Messe ja schon dieses Buch ...

Donnerstag, 22. März 2018 9.30 Uhr

Die achte Chemotherapie verlief zufriedenstellend. Die übliche anfängliche Reizung der Harnwege legte sich nach etwa einer Stunde und ich konnte das Gift diesmal ganze fünf Stunden in der Blase behalten!

Ich hoffte sehr, dass dies alles erfolgreich ist und ich bei der nächsten Kontrolluntersuchung im April tumorfrei bin. Die Angst vor einem erneuten Krankenhausaufenthalt und einer weiteren Operation war groß.

Freitag, 13. April 2018 11 Uhr

Wie gut, dass ich nicht abergläubisch bin. Eine für mich so bedeutende Untersuchung, schließlich geht es immer um die Frage, neue Tumore oder nicht, sollte an einem Freitag, den 13., stattfinden. Es stand mal wieder die alle drei Monate fällige Blasenspiegelung an.

Der Anfang war etwas holperig, denn ich musste der Arzthelferin erneut erklären, dass ich diese Untersuchung grundsätzlich nicht mehr ohne Entspannungsspritze mache. Schließlich hatte ich ja extra deswegen den Arzt gewechselt. Sie tat so, als wisse sie nichts davon. Letztendlich ließ sie sich jedoch davon überzeugen. Anderenfalls wäre ich aber auch aufgestanden und gegangen. Warum sollte man unnötig leiden, wenn sich dies verhindern lässt?

Donnerstag, 26. April 2018 9.30 Uhr

Die neunte und damit vorletzte Chemotherapie stand an. Ich befand mich gerade im Ausland auf Geschäftsreise und war extra dafür angereist. Was tut man nicht alles, um wieder gesund zu werden? Um 9.30 Uhr wurde mir das Gift in die Blase verbracht und schon um 12 Uhr mittags machte ich mich wieder zurück auf den Weg nach Mallorca. Bis ich dort an meinem Zielort ankam, war es 20 Uhr abends! Ich hatte ganze acht Stunden gebraucht, da ich keinen Direktflug, sondern nur einen mit Zwischenlandung in Barcelona buchen konnte. Die knappen Flugangebote waren eine Folge der Pleite von Air Berlin und der Aufgabe der Strecke Hamburg – Mallorca durch easyJet. Allein Air Berlin flog früher bis zu sechsmal am Tag, so dass man den ersten Flieger dorthin nehmen und abends gegen 20 Uhr wieder zurückfliegen konnte. Die guten alten Zeiten! Vielleicht überlegt es sich easyJet aber noch einmal …

Jedenfalls war die lange Reise nach der Chemo sehr, sehr anstrengend. Aber das Geschäft ist gnadenlos und läuft weiter …

Montag, 28. Mai 2018 10.30 Uhr

Die zehnte und letzte Chemotherapie verlief ohne besondere Vorkommnisse. Auf der einen Seite war ich froh, dass es endlich vorbei war, aber auf der anderen Seite hatte ich nun natürlich Angst, dass der Krebs zurückkehren könne. Das war für meine Psyche natürlich schon sehr belastend. Ich hätte mir hier jemanden an meiner Seite gewünscht, der mir die Hand hält, mich in den Arm nimmt und mir das Gefühl gibt, jederzeit für mich da zu sein. Jetzt hieß es, auf die nächste Spiegelung im August zu warten und zu hoffen, dass alles gut würde …

Freitag, 10. August 2018 9.30 Uhr

Wieder waren drei Monate vergangen und es stand eine erneute Blasenspiegelung zur Kontrolle an. Je dichter der Termin rückte umso mehr Sorgen machte ich mir. Es war immer das gleiche Spiel: Die Angst, erneut operiert werden zu müssen, saß mir ständig im Nacken. Damit die Prozedur nicht ganz so belastend für mich verlief, ließ ich mir, wie die letzten Male, eine Entspannungsspritze verabreichen. Alles verlief reibungslos und das Ergebnis war negativ, keine neuen Tumore erkennbar! Ich war glücklich und erleichtert.

Nun verlängerten wir den Kontrollzeitraum auf fünf Monate. Meine nächste Spiegelung findet erst im Januar 2019 statt.

4. Mein Guolin Qigong

Ich praktiziere zwar schon seit etlichen Jahren diverse Qigong-Formen, war nach meiner Krebserkrankung nun aber auf der Suche nach einer speziellen Form, die den Heilungsverlauf positiv beeinflussen konnte. Bei meinen Recherchen stieß ich auf das „Guolin Qigong", das ursprünglich von einer selbst Erkrankten zu diesem Zweck entwickelt wurde.

Das Guolin Qigong, wie ich es kennengelernt habe, untergliedert sich in folgen Teilschritte:

1. Schlendergang
2. Stille Übung im Stand zur Einstimmung
3. Dreimalige Atmung
4. Dreimaliges Öffnen und Schließen
5. Gehen mit Windatmung (xi xi hu)
6. Dreimaliges Öffnen und Schließen
7. Dreimalige Atmung

8. Stille Übung im Stand zum Ausklang
9. Schlendergang – Ende der Gesamtübung

Der **Schlendergang**, ein entspanntes Gehen, bildet den Einstieg in die Gesamtübung. Wir bewegen uns zu unserem Übungsplatz, lockern unseren Körper mit schwingenden Armen sowie federndem Gang auf und befreien unseren Geist von unseren Alltagssorgen. Ein befreiter Geist durch das Ablegen ablenkender Gedanken erleichtert die Konzentration auf die bevorstehende Übung.

An unserem Übungsplatz angekommen, bleiben wir in der Neutralstellung stehen. Die geöffneten Hände bilden in etwa zehn Zentimetern Entfernung vor unseren unteren Dantian mit auf uns gerichteten Innenflächen ein Dreieck.

Hier beginnt die „**Stille Übung**" mit der Arbeit mit dem Qi mit unserer Vorstellungskraft. Wir stellen uns vor, unter einem Wasserfall zu stehen. Kristallklares Bergwasser, bestehend aus reinem Qi (Lebensenergie), fließt von oben auf unseren Kopf und dringt durch den Scheitelpunkt (Baihui) in unseren Kopf ein. Das Wasser arbeitet sich Stück für Stück durch unseren Körper und „wäscht" sich gedanklich durch jede Zelle (**Reinigungs-Übung**). Insbesondere an der Stelle des Krebsgeschwüres, bei mir die Blase, intensivieren wir die Reinigungsarbeit mit dem Qi in Form des Wassers.

Dann geht es weiter nach unten, durch die Beine und verlässt den Körper durch die Fußsohlen wieder in den Boden. Wir leiten so die negative Energie, das trübe Qi dorthin ab. Den Weg von oben nach unten absolvieren wir mehrmals hintereinander. Dann verschließen wir den Scheitelpunkt und die Fußsohlen wieder und gehen weiter zur **dreimaligen Atmung**. Wir führen die Hände entlang des Gürtelgefäßes jeweils am Körper zur Seite und nach hinten. Wir legen die Handrücken jeweils auf die Nieren, wobei die Finger vom Körper wegerichtet in einem 45-Grad-Winkel nach unten wegzeigen. Dies hat eine ableitende Funktion, was bei Krebserkrankungen immer wichtig ist.

Diese spezielle Handhaltung ist für Blasenkrebs angezeigt. Für andere Erkrankungen gibt es verschiedene andere Handhaltungen und auch die Atmungsreihenfolge variiert. Bei Krebs atmen wir zuerst durch die Nase ein und strecken dabei die Knie. Dann atmen wir durch den Mund wieder aus, beugen die Knie leicht und leiten das trübe Qi mit dem Atem und durch die Finger in Richtung Boden aus. Insgesamt erfolgt diese Übung dreimal.

Im Anschluss lösen wir die Hände und führen sie nach vorne zurück. Nun folgt das **dreimaliges Öffnen und Schließen**. Die Hände sind im 90-Grad-Winkel zum

Unterarm aufgestellt, wobei die Innenflächen zum Boden und die Finger nach vorne zeigen. Dies ist wieder eine spezielle Handhaltung mit ableitender Funktion bei Krebserkrankungen, wie sie einige Zeit nach der Operation erfolgen sollte. Das kranke Qi wird so durch die Laogongs in die Erde abgeleitet.

Die Hände starten etwa zehn Zentimeter vor dem Körper in Höhe der Hüftknochen. Wir ziehen die Hände mit den Ellenbogen beginnend jeweils ca. zwanzig bis dreißig Zentimeter nach außen und atmen dabei ein. Dann führen wir die Hände zurück vor die Hüftknochen und atmen wieder aus. Das Ganze erfolgt dreimal hintereinander.

Die Vorbereitung ist damit abgeschlossen und wir kommen zur Hauptübung **Gehen mit Windatmung**. Krebskranke beginnen immer mit dem linken Fuß. Wir steppen den linken Fuß auf den Fußballen an das rechte Standbein heran und bewegen unsere Hände mit den Innenflächen nach unten und fast gestreckten Ellenbogen nach links. Die rechte Hand befindet sich zentral vor dem Unterleib und die linke Hand etwa fünfundzwanzig Zentimeter diagonal nach vorne-links von der linken Hüfte. Beide Hände befinden sich stets auf gleicher Höhe. Der Blick ist geradeaus gerichtet. Dies ist die Startposition für unser Gehen mit Windatmung.

Wir setzen dann den linken Fuß, beginnend mit der Ferse, einen kleinen Schritt nach vorne auf und rollen ihn auf die gesamte Sohle ab. Während des Abrollens atmen wir zweimal hintereinander kurz bis in den Bauchraum ein (Rhythmus: ein ein bzw. xi xi).

Dann setzen wir den rechten Fuß, beginnend mit der Ferse, einen kleinen Schritt nach vorne auf und rollen auch diesen auf die gesamte Sohle ab, wobei wir nun etwas länger ausatmen (aus bzw. hu = genauso lang wie xi xi zusammen) und die Hände auf einer Höhe vor dem Körper auf die rechte Seite bewegen. Nun befindet sich die linke Hand zentral vor dem Unterleib und die rechte Hand etwa fünfundzwanzig Zentimeter diagonal nach vorne-rechts von der rechten Hüfte. Der Kopf wird zum Ausatmen nach rechts gedreht. Nach einer kurzen Pause beginnt alles von vorne mit einem Schritt nach links.

Insgesamt gehen wir zu Anfang entspannt etwa fünfzehn Minuten. Es folgt das dreimalige Öffnen und Schließen, bevor es nun mit dem rechten Fuß von vorne beginnt. Wir steppen den rechten Fuß auf den Fußballen an das linke Standbein heran und bewegen unsere Hände mit den Innenflächen nach unten und fast gestrecktem Ellenbogen nach rechts. Die linke Hand befindet zentral vor dem Unterleib und die rechte Hand etwa fünfundzwanzig Zentimeter diagonal nach vorne-rechts von der rechten Hüfte. Beide Hände befinden sich stets auf gleicher Höhe.

Der Blick ist geradeaus gerichtet. Wir setzen den rechten Fuß, beginnend mit der Ferse, einen kleinen Schritt nach vorne auf und rollen ihn auf die gesamte Sohle ab. Während des Abrollens atmen wir zweimal hintereinander kurz bis in den Bauchraum ein (Rhythmus: ein ein bzw. xi xi). Dann setzen wir den linken Fuß, beginnend mit der Ferse, einen kleinen Schritt nach vorne auf und rollen auch diesen auf die gesamte Sohle ab, wobei wir nun etwas länger ausatmen (aus bzw. hu = genauso lang wie xi xi zusammen) und die Hände auf einer Höhe vor dem Körper auf die linke Seite bewegen. Nun befindet sich die rechte Hand zentral vor dem Unterleib und die linke Hand etwa fünfundzwanzig Zentimeter diagonal nach vorne-links von der linken Hüfte. Der Kopf wird zum Ausatmen nach links gedreht. Nach einer kurzen Pause beginnt alles von vorne mit einem Schritt nach rechts.

Nach fünfzehn Minuten „Gehen" praktizieren wir erneut ein dreimaliges Öffnen und Schließen und dann ein letztmaliges 15-minütiges Gehen, beginnend mit dem linken Fuß, wie zu Anfang ausführlich beschrieben.

Nach insgesamt fünfundvierzig Minuten Gehen mit Windatmung erfolgt das **abschließende dreimalige Öffnen und Schließen**. Es folgt die **dreimalige Atmung**, wobei wir wieder die Hände entlang des Gürtelgefäßes jeweils am Körper zur Seite und nach hinten führen. Wir legen die Handrücken jeweils auf die Nieren, wobei die Finger vom Körper wegerichtet in einem 45-Grad-Winkel nach unten wegzeigen. Wir atmen zuerst durch die Nase ein und strecken dabei die Knie. Dann atmen wir durch den Mund wieder aus, beugen leicht die Knie und leiten das trübe Qi mit dem Atem und durch die Finger in Richtung Boden aus.

Wir bewegen die Hände wieder nach vorne und lassen die Arme entspannt rechts und links am Körper herabhängen.

Mit der zweiten **stillen Übung im Stand** lassen wir die Gesamtübung ausklingen. Wir schließen die Augen und stellen uns vor, dass wir alle unsere Poren öffnen und von allen Seiten pures Qi in Form von hellem Sonnenlicht auf uns ein- und durch alle unsere geöffneten Poren in unseren Körper hineinströmt. Wir leiten diese Energie in unserem Körper weiter in Richtung der erkrankten Stelle (bei mir die Blase) und konzentrieren sie dort. So kann sie an dieser Stelle ihre heilende Wirkung verrichten.

Die Stille Übung kann zehn Minuten oder bei Bedarf länger praktiziert werden. Wir schließen gedanklich alle unsere Poren wieder, öffnen die Augen, kehren ins Hier und Jetzt zurück und verlassen unseren

Übungsort im **Schlendergang**. Damit ist die Gesamtübung beendet.

5. Fazit

Um eine Operation kommt man nicht herum. Darauf sollte man auf keinen Fall verzichten. Der Tumor muss raus! Ich habe dann mithilfe von alternativen Therapien in Form von TCM und diverse „Nahrungsergänzungsmittel" an einer Verbesserung meines Gesamtzustandes und meines Immunsystems gearbeitet. Dadurch wollte ich eine Rückkehr des Krebses vermeiden.

Es gab nachweislich eine Verbesserung meines Abwehrsystems. Ich hatte in diesem Winter keine Erkältungskrankheiten. In den Jahren zuvor hatte ich bis zu fünf Erkältungen pro Jahr! Dennoch reichte es offensichtlich nicht aus und ich erlitt einen Rückfall in Form eines neuen Tumors.

Daher war eine Chemotherapie unerlässlich, denn eine Operation mit Krankenhaus-aufenthalt alle drei Monate erschien mir keine wirkliche Alternative zu sein. Aber vielleicht schlägt bei dem einen oder anderen die Behandlung des Immunsystems noch besser an als bei mir, dass eine Chemotherapie vermieden werden kann. Das muss man ausprobieren und individuell beurteilen.

6. Kontaktanschriften für Behandlungen, Nahrungsergänzungsmittel etc.

Agaricus Extrakt 500 mg von vitaworld

Ich besorgte mir von der Firma vitaworld „Agaricus Extrakt 500 mg" und nahm seitdem davon 1 Kapsel pro Tag. Der Vitalpilz „Agaricus" (Mandelpilz, Sonnenpilz) wird als Immunregulator angesehen und in der Krebstherapie zur Wachstumshemmung oder gar zur Rückbildung von Tumoren eingesetzt. Zudem werden ihm entzündungshemmende und antivirale Wirkungen zugeschrieben.

Cistus Incanus (Zistrosenblätter)

Zur Förderung des Immunsystems in Kapselform oder als Tee erhältlich.

Z.B. von LR: www.lr24.shop oder www.lr-shop-direkt.de. Etwas günstiger ist dieses

Produkt in Kapselform von der Firma „vitaworld" über Amazon zu beziehen.

Colostrum direct flüssig von LR

Hierbei handelt es sich um die Vor- bzw. Biestmilch der Kuh, die damit das Neugeborene in den ersten Stunden versorgt, um dessen Immunschutz zu gewährleisten. Darin enthalten sind in hochkonzentrierter Form Immunglobuline, Aminosäuren, Mineralien, bioaktive Vitamine und natürliche Wachstumsfaktoren.

Z.B. von LR: www.lr24.shop oder www.lr-shop-direkt.de

Nach drei Monaten sollte man auf die Kapselform umsteigen. Auch erhältlich als LR-Produkt.

Darmflora plus select Dr. Wolz

Zum Wiederaufbau der Darmflora nach Antibiotikumeinsatz und damit Begünstigung des Immunsystems. Zu beziehen über www.apo-rot.de

Guolin Qigong

In China die Form des Qigong, mit der Krebs ergänzend behandelt wird.

Unterricht durch: Petra Hinterthür in Hamburg, www.petra-hinterthuer.de

Hericium Extrakt 500 mg von vitaworld

Von „Hericium Extrakt 500 mg" von der Firma „vitaworld" nehme ich 1 Kapsel pro Tag. Dieser Heilpilz stärkt die Magen- und Darmschleimhaut und unterstützt so das Immunsystem. Da ich häufig Magenprobleme habe und mein Immunsystem im Kampf gegen den Krebs stimulieren möchte, passt dieses Präparat in doppelter Hinsicht für mich.

Kirschbaum, Barbara (Heilpraktikerin)

In Hamburg eine Institution für begleitende Krebstherapie, insbesondere für Brustkrebs:

Grindelberg 77, 20144 Hamburg, Tel. 040 – 49 18 007, www.barbara-kirschbaum.de

Dr. Lee, Praxis Eppendorf

Eppendorfer Landstr. 139a, 20251 Hamburg, Tel. 040 – 469 615 81, www.tcm-eppendorf.de, begleitende Krebstherapie auf TCM-Basis mit Heilkräutern und Akupunktur; Erstuntersuchung 80 EUR, Akupunktursitzung 95 EUR (Stand 2017)

Reishi (japanische Bezeichnung)

Es handelt sich um einen Pilz, im Chinesischen auch „Ling Zhi" genannt (Pilz der Unsterblichkeit). Er wird bereits seit ca. 4.000 Jahren als Heilmittel eingesetzt, hierbei insbesondere auch als begleitendes Medikament in der Krebstherapie. Das

Immunsystem wird angeregt und die Nebenwirkungen von Chemotherapien abgemildert.

Reishi plus von LR, kann z.B. über www.lr24.shop oder www.lr-shop-direkt.de bezogen werden.

Etwas günstiger ist auch dieses Produkt von der Firma „vitaworld" über Amazon erhältlich.

UKE TCM Zentrum

HanseMerkur Zentrum für Traditionelle Chinesische Medizin am Universitätsklinikum Hamburg-Eppendorf, Praxis Dr. Sven Schröder, Haus Ost 55, Martinistr. 52, 20246 Hamburg, Tel. 040 – 413 57 990, www.tcm-am-uke.de; Behandlung mit Heilkräutern, Akupunktur, Qigong und chinesischer Diätik als begleitende Krebstherapie zur Wiederherstellung des Gleichgewichts, Förderung des Immunsystems und Behandlung von Schmerzen;

Erstuntersuchung 155 EUR, Akupunktursitzung 46,92 EUR (Stand 2017)

Vitamin B17

Dieser Stoff zur Krebsbekämpfung ist in hoher Konzentration in Aprikosenkernen enthalten. Diese sind auch in Kapselform erhältlich, z.B. von „Health Leads UK Limited" zu beziehen über amazon.de.

Wem die Sache wegen der in den Aprikosenkernen enthaltenen Blausäure zu heikel ist (mögliche Vergiftung bei Überdosierung), der kann auf homöopathische Globuli von HOMEDA (www.homeda.de) „Homeda Vitamin B17 C12 oder C30 Amygdalin" zurückgreifen. Diese sind z.B. bei www.apo-rot.de erhältlich.

Wobenzym plus

In hoher Dosierung zur Unterstützung der Krebstherapie; zu beziehen über www.apo-rot.de

7. Literaturverzeichnis

- Böttcher, Cornelia: „TCM für Einsteiger – Das Praxisbuch zur Selbstbehandlung", 2. Auflage 2013, BLV Buchverlag GmbH & Co. KG, München. Kompakte Einführung mit ca. 100 Seiten in das Thema TCM und deren Möglichkeiten.

- Deutsche Qigong Gesellschaft: DVD „Guolin Qigong mit Uta Reinshagen", 2. Auflage 2015, www.qigong-gesellschaft.de, Tel. 07347-3439. Ich finde, die DVD ist super gemacht und leicht verständlich. Ergänzend zu einem Kurs bei Petra Hinterthür kann ich sie nur weiterempfehlen.

- Gera, Bernadett: „Guolin Qigong – Die ergänzende Heilmethode bei Krebs und chronischen Krankheiten", Irisiana Verlag in der Random House GmbH, München, 2014. Hierbei handelt es sich um das zurzeit einzige deutschsprachige Buch zu diesem Thema. Es scheint jedoch in der Fachwelt nicht ganz unumstritten zu sein, wenn man sich die Rezensionen bei Amazon so anschaut. Mir hat es aber gefallen.

- Hecker, Hans-Ulrich u.a.: „Handbuch Traditionelle Chinesische Medizin", Anaconda Verlag, Köln, 2012. Dieses Buch wurde von mehreren Schulmedizinern geschrieben und beschäftigt sich auf über 240 Seiten mit den Schwerpunkten Akupunktur, Akupressur, 5-Elemente-Ernährung, Kräutertherapie, Moxibustion, Qigong und Tuina. Es wird ein sehr umfassender Überblick in die TCM von kompetenter Seite vermittelt.

- Helène, Brigitte (Hrsg.): „Vitamin B17 – Die Revolution in der Krebsmedizin" Ein Ratgeber aus der ärztlichen Praxis nach der Dr. Puttich Krebstherapie,

Verlag BoD – Books on Demand, Norderstedt, 2012. Eine Einführung in die Krebstherapie mit dem Vitamin B17. Auch weitere Therapieansätze werden erläutert, so z.B. die Enzymtherapie.

- Kaptchuk, Ted J.: „Das große Buch der chinesischen Medizin – Die Medizin von Yin und Yang in Theorie und Praxis", KNAUR, München, 2010. Dieses Buch erläutert sehr anschaulich die wesentlichen Unterschiede und Denkweisen der östlichen und westlichen Medizin. Für mich war dieses Buch eine Offenbarung, diese Unterschiede zu verstehen.

- Dr. Lee, Jong-Seo: „Traditionelle Chinesische Medizin zwischen Wissenschaft und Glauben – Grundlagen, Methoden, Alltag", Verlag Synergia, Darmstadt, www.synergiaverlag.de. Eine interessante Einführung in das Thema TCM, insbesondere wenn man Patient in der Praxis von Herrn Dr. Lee in Hamburg-Eppendorf ist.

- Oberlack, Helmut (Herausgeber): „Qigong für Einsteiger – Ein Special des Taijiquan & Qigong Journals", 3. Auflage 2017, Verlag TQJ, Steinbergkirche. Konkrete Übungen werden nicht vermittelt. Es handelt sich um eine Einführung in Geschichte, Hintergrund und medizinische Grundlagen des Qigong. Das Buch bietet eine erste Orientierung, um sich mit diesem Themengebiet zu beschäftigen. Im Anhang sind auch Kontaktanschriften zu Ausbildungsinstituten und weitere Literaturempfehlungen aufgeführt.

- Wahle, Stefan: „Sammelband Gesundheitsqigong – Mit Qigong zu

Gesundheit und Wohlbefinden", Verlag BoD, Norderstedt, 2014. Ausführliche Präsentation der Qigong-Formen „Die 8 Brokate", „Das Spiel der 5 Tiere", „Das muskel- und sehnenstärkende Qigong" und „Die sechs heilenden Laute". Gut, um sich einen ersten Eindruck verschaffen zu können, zum Selbststudium und als ergänzendes Lehrbuch zu einem Kurs.

- Wu, Li: „Das Buch der Chinesischen Heilkunst – Bewährtes Heilwissen aus dem Reich der Mitte", 2. Auflage 2013, Mankau Verlag, Murnau a. Staffelsee. Li Wu hat TCM in China studiert und ist Professor an der Universität Yunnan. Dieses Buch gibt eine gute Einführung in die chinesischen Heilkräuter, deren Eigenschaften, Darreichungsformen und Anwendungsgebiete. Außerdem beinhaltet es auch Ernährungspläne nach den 5

Elementen mit konkreten Vorschlägen.

Weitere Infos und Links:

www.diagnose-krebs.tips

www.diagnose-krebs.tips

www.diagnose-krebs.tips